anchor

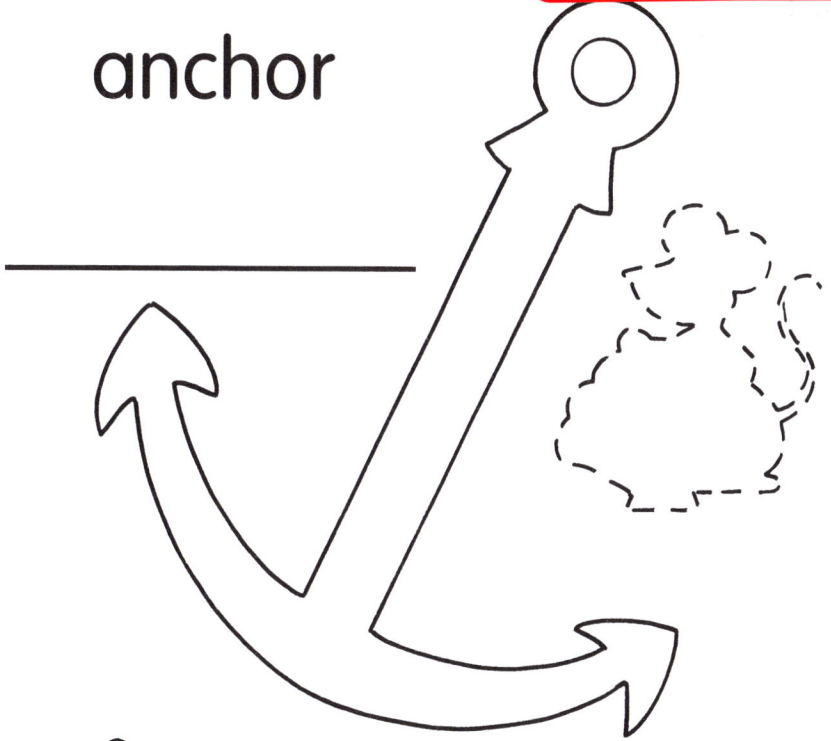

_____

boat

clown

_____

dragon

_____

egg

_____

fountain

_____

giraffe

_____

horse

_____

igloo

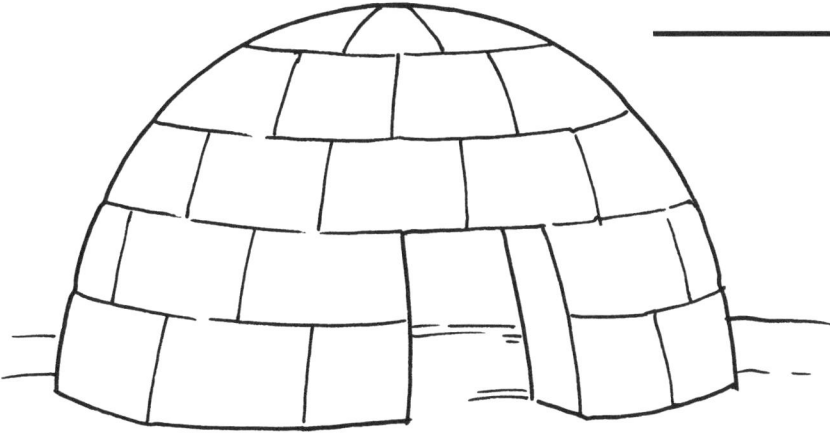

_____

jeep

_____

koala

_____

lion

_____

mouse

_____

nest

_____

z y

x w v u

t s r q

p o n m

l k j i

h g f e

d c b a

orange

_____

peacock

_____

quilt

_____

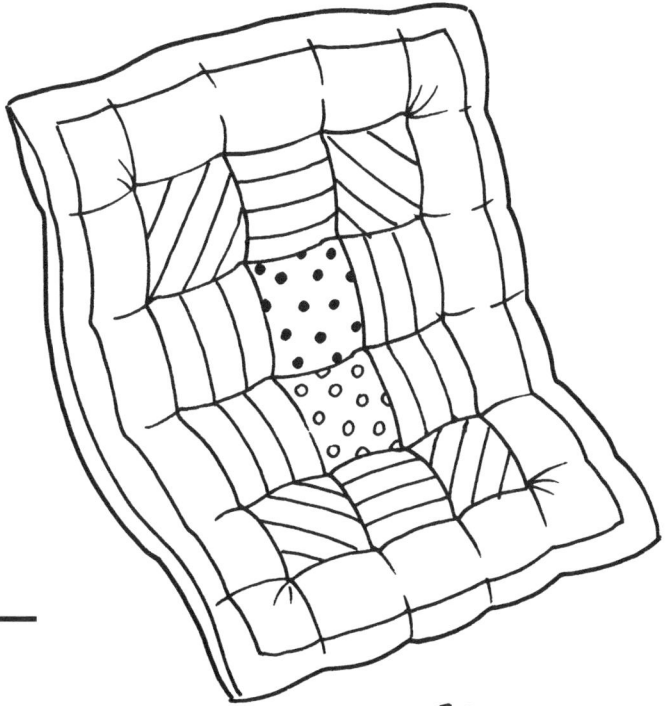

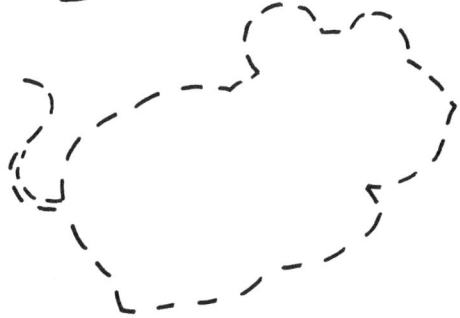

rose

_____

snake

_____

tiger

_____

uniform

_____

violin

_____

windmill

_____

xylophone

_____

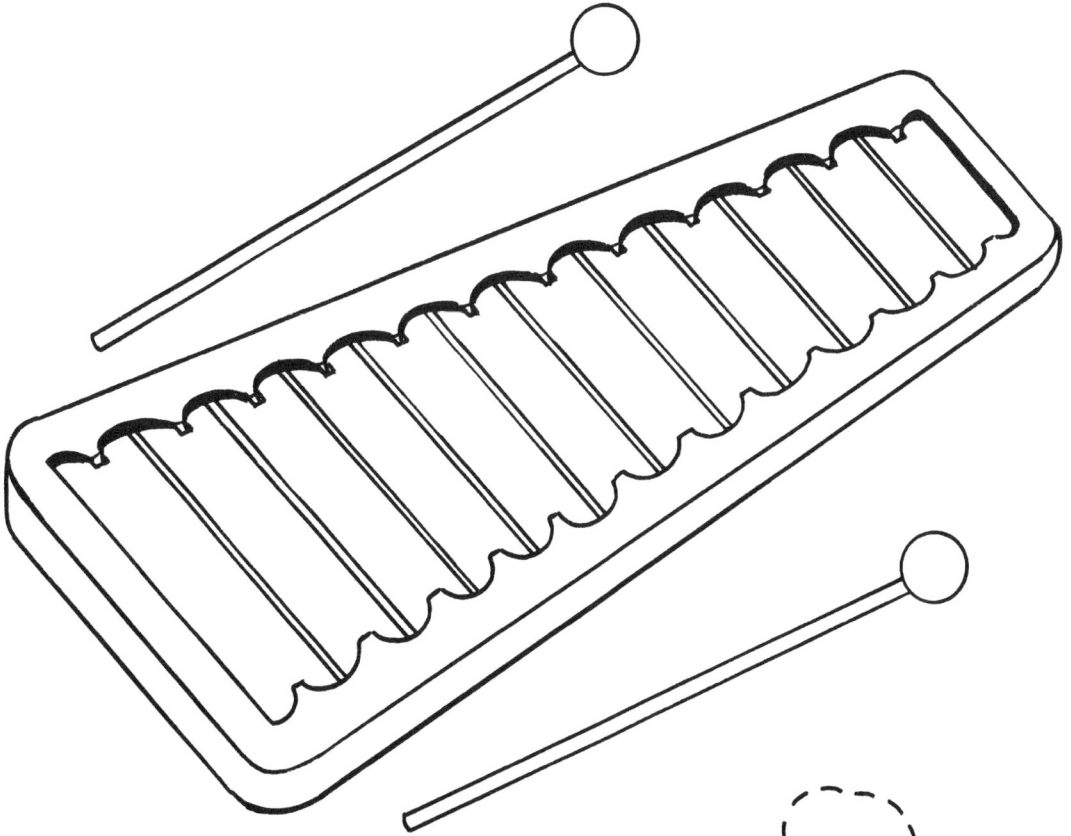

yoghurt

_____

zebra

_____

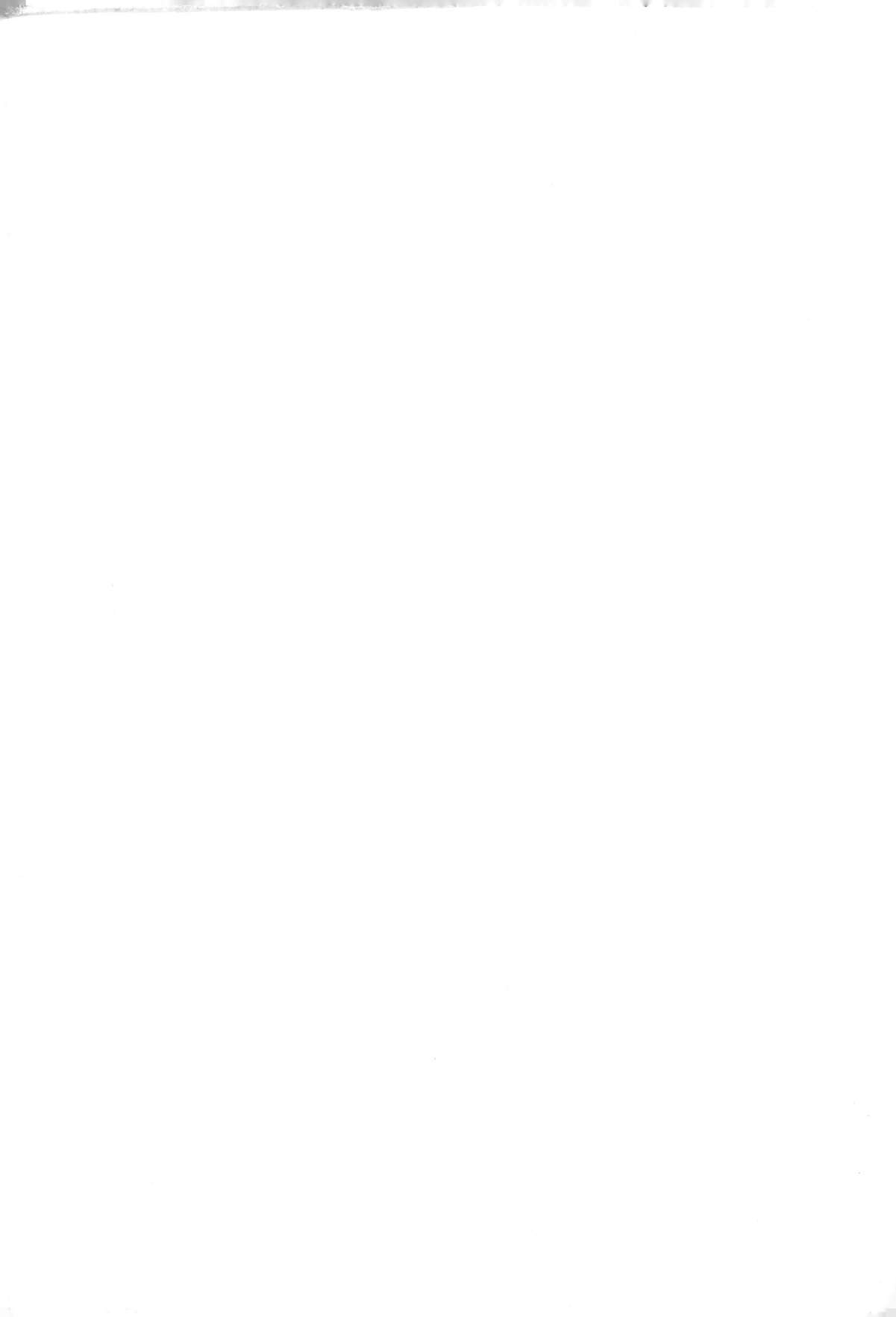